궁금해요, 정약용

초판 1쇄 발행 2017년 5월 10일 | 초판 4쇄 발행 2024년 6월 14일

글쓴이 안선모 | 그린이 한용욱 | 사진 국립 중앙박물관(102쪽), 수원 문화재단(103쪽)
펴낸이 홍석 | 이사 홍성우 | 편집부장 이정은 | 편집 조유진 | 디자인 권영은, 김영주
외주디자인 신영미 | 마케팅 이송희, 김민경 | 제작 홍보람 | 관리 최우리, 정원경, 조영행
펴낸곳 도서출판 풀빛 | 등록 1979년 3월 6일 제 2021-000055호
주소 서울 강서구 양천로 583, 우림블루나인 A동 21층 2110동
전화 02-363-5995(영업) 02-362-8900(편집) | 팩스 070-4275-0445
전자우편 kids@pulbit.co.kr | 홈페이지 www.pulbit.co.kr
블로그 blog.naver.com/pulbitbooks | 인스타그램 instagram.com/pulbitkids

ISBN 978-89-7474-684-1 74990
　　　978-89-7474-499-1 (세트)

ⓒ 안선모, 한용욱 2017

*책값은 뒤표지에 표시되어 있습니다
*파본이나 잘못된 책은 구입하신 곳에서 바꿔드립니다.

KC	품명 아동 도서	사용연령 8세 이상
	제조국 대한민국	제조년월 2024년 6월 14일
	제조자명 도서출판 풀빛	연락처 02-363-5995
	주소 서울 강서구 양천로 583, A동 21층 2110호	
	주의사항 종이에 베이거나 긁히지 않도록 조심하세요.	
	책 모서리가 날카로우니 던지거나 떨어뜨리지 마세요.	
	KC마크는 이 제품이 공통안전기준에 적합하였음을 의미합니다.	

저학년 첫 역사 인물 ③

새로운 세상을 꿈꾼
조선 최고의 실학자

궁금해요, 정약용

안선모 글 | 한용욱 그림

풀빛

작가의 말

새로운 세상을 꿈꾸었던 정약용

여러분은 정약용이라는 분에 대해 알고 있나요?

알면 알수록 신기하고 위대하고 멋진 사람, 정약용!

조선 시대 사상가, 개혁가, 실학자인 정약용에 대한 글을 쓰면서, 알고 있었던 것보다 이 분이 훨씬 더 훌륭하고 멋진 분이라는 것을 알게 되었어요. 또 생각했던 것 이상으로 낭만도 있고, 자상하다는 것도 알게 되었어요. 시대를 앞서간다는 것, 새로운 세상을 꿈꾼다는 것이 예전이나 지금이나 여전히 쉽지 않다는 것도 깨달았지요.

어릴 때부터 유난히 책 읽는 것을 좋아하고, 자연 속에서 뛰어놀며 문학적인 감성도 키워 왔던 정약용에 대해 더 자세히 알고 싶어, 유난히 더웠던 지난 여름 정약용 생가가 있는 남양주 능내리에 다녀왔어요. 생가를 돌아보면서 정말 오기 잘했다, 정말 좋다, 그런 생각이 자꾸 들었어요.

어린 시절, 아버지에게 글을 배우던 사랑방이며 형님들과 뛰놀았던 마당, 벼슬에서 물러나 공부에 열중하던 '여유당' 등 구석구석을 돌아보며 어찌나 기뻤는지요. 정약용이라는 위인에게 좀 더 가까워졌다는 생각에 얼마나 흐뭇했는지요.

그러면서 '만약 정조가 일찍 돌아가시지 않았다면?' 하고 생각해 보았어요. 정조와 정약용은 임금과 신하의 관계였지만 요즘 말로 하자면 '환상의 짝꿍'이었어요. 생각도 비슷했던 두 사람은 서로를 위해 최선을 다했어요. 정조는 끊임없이 적으로부터 미움을 사고 모함을 받는 정약용을 보호해 주려 노력했고, 정약용은 정조를 위해 자신의 온 지식과 지혜를 짜내 수원 화성을 축조해 냈지요. 두 사람은 개혁을 하려는 생각도 비슷했고 책을 좋아하는 취향도 비슷했어요.

정조가 생각했던 개혁 정치를 실행할 수 있었던 신하, 정조를 위해서 무엇이든 만들어 낼 수 있는 신하, 정조의 마음에 쏙 들었던 신하. 그런 두 사람이 오래도록 함께 나라를 위해 일했다면 얼마나 좋았을까요?

정약용은 생애 중 많은 시간을 유배지에서 보내야 했지만 결코 절망하지 않았어요. 백성들을 위해 도움이 될 수 있는 책을 끊임없이 써 내려갔지요.

새로운 세상을 펼쳐 갈 우리 어린이들이 이 책을 읽고 어떻게 살아야 할지 진지하게 생각해 보았으면 좋겠어요.

안선모

차례

작가의 말 　　　　　　　　　　　4

책벌레 꼬마 시인 　　　　　　　　8

정조와의 만남 　　　　　　　　　24

한강의 배다리 　　　　　　　　　40

과학 기술로 쌓은 화성　　　　　　　　　　56

백성을 보살피다　　　　　　　　　　　　68

오랜 귀양살이　　　　　　　　　　　　　88

부록 정약용의 위대한 업적　　　　　　　102

 책벌레 꼬마 시인

윙윙~, 사나운 겨울바람이 사랑방 문풍지를 울렸습니다. 아버지 앞에서 책을 읽던 약용은 눈을 반짝이며 살포시 미소를 지었습니다. 괜스레 방문을 쓱 열어 보고는 고개를 끄덕였습니다.

'보나마나 강물이 꽝꽝 얼었을 테지.'

그 모습에 아버지 정재원이 이상하다는 듯 물었습니다.

"약용아, 오늘따라 왜 이렇게 밖에 신경을 쓰는 게냐? 설마 오늘같이 매서운 날에도 밖에 나가 놀 참이냐?"

약용은 당연하다는 듯 고개를 끄덕였습니다.

"형님들이 강이 꽝꽝 얼어야 얼음낚시를 할 수 있다고 했는데 오늘이 바로 그날인 것 같아요. 생각만 해도 신이 나서 엉덩이가 들썩여요."

공부가 끝났다 하면 밖으로 나가 놀아 얼굴이 까무잡잡하게 그을린 약용의 얼굴을 보며 아버지 정재원은 고향 마재를 떠나던 2년 전을 떠올렸습니다. 그때 다섯 살이던 약용이 벌써 일곱 살이 되었으니 세월은 참 빠르기도 합니다.

아버지와의 공부가 끝나자 약용은 고샅길을 달려 한달음에 강가에 도착했습니다. 벌써 도착한 두 형님은 얼음판 위에 낚싯줄을 드리우고 물고기 잡기에 열을 올리고 있었습니다.

"형님들! 많이 잡았어요?"

약용의 물음에 두 살 터울인 약종이 투덜거리며 대답했습니다.

"추워서 빨리 집에 가자는데 약전 형님이 들은 척도 안 한다!"

"이건 돌고기, 이건 갈겨니. 근데 이건 도대체 뭐지? 미꾸라지 비슷하게 생겼지만 분명 미꾸라지는 아닌 듯한데."

약전은 물고기를 담은 자배기에 코를 박고 한참동안 중얼거렸습니다.

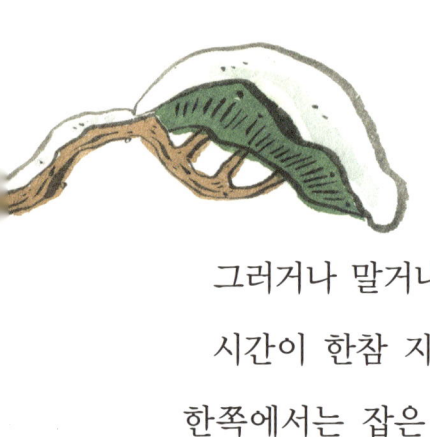

그러거나 말거나 약용은 뚫린 얼음 구멍에 낚싯대를 드리웠습니다.
시간이 한참 지났는데도 얼음 밑에서는 아무 소식이 없습니다. 강 한쪽에서는 잡은 물고기를 꼬챙이에 꿰어 모닥불에 굽기 시작합니다. 고소한 냄새가 온 산과 들, 강 위에 스멀스멀 퍼져 나갑니다. 노루 꼬리처럼 짧은 한낮 해가 서서히 기울고 있습니다.

"야, 정말 맛있는데?"

정신없이 먹던 약용은 문득 고개를 들어 눈앞의 작은 산을 바라보았습니다.

작은 산 뒤로 큰 산이 있는데, 작은 산에 가려

큰 산이 보이지 않았습니다.

"작은 산이 어떻게 큰 산을 가릴 수 있지?"

약용은 한참 생각에 빠졌습니다. 그러더니 갑자기 집 쪽으로 달려갔습니다.

"약용아, 너 낚시하다 말고 어디 가는 거야?"

약종 형이 외치자 뒤이어 약전 형이 크게 외칩니다.

"급한 볼일이 생겼구나. 빨리 달려, 달려! 그러다 바지에 싸겠다!"

숨이 턱까지 차게 달려 집에 도착한 약용은 벼루에 먹을 갈았습니다. 그리고 붓을 들어 시 한 수를 써 내려갔습니다.

작은 산이 큰 산을 가리는 것은
멀고 가까움이 달라서라네

약용이 급하게 방으로 뛰어 들어가는 것을 본 아버지는 무슨 일이 있나 하여 뒤따라 들어왔습니다. 그리고 약용이 쓴 시를 보고 깜짝 놀라 물었습니다.

"작은 산이 어떻게 큰 산을 가렸다고 생각하느냐?"

약용은 자신감에 찬 목소리로 대답했습니다.

"작은 산과 큰 산이 나란히 있으면 어떤 산이 큰 산인지 금방 알 수 있어요. 하지만 작은 산이 앞에 있고 큰 산이 좀 떨어져 뒤에 있으면 앞산이 작더라도 뒷산은 잘 보이지 않지요. 그때 사람들은 앞산만 보이니까 앞산이 큰 것으로 생각할 수도 있어요."

"허허, 네 살 때 천자문을 깨치더니 이젠 시까지 짓는구나. 게다가 일곱 살인데 벌써 사물의 이치를 깨달았으니……."

아버지의 칭찬을 들은 후, 약용은 보고 듣고 느낀 것들을 시로 적기 시작했습니다.

"우리 집에 꼬마 시인 탄생했네."

두 형님은 그런 약용을 보고 놀리듯 말했습니다.

연천에 사는 동안 약용은 계절마다 변하는 자연의 아름다움을 모두 시로 적어 내려갔습니다.

그러던 어느 날, 아버지가 약용에게 말했습니다.

"그동안 지은 시를 모두 갖고 와 보거라."

약용이 지은 시들을 훑어보던 아버지의 입가에 미소가 흘렀습니다.

"음, 제법 잘 썼구나. 시집으로 만들어도 되겠어."

"예? 시집으로 만들어 주신다고요?"

약용은 뛸 듯이 기뻤습니다. 언젠가 꼭 책을 만들고 싶었지만 이렇게 빨리 이루어질 줄은 몰랐습니다.

"시집 이름을 뭐라고 할까?"

아버지의 물음에 약전 형이 얼른 말했습니다.

"삼미집 어때요? 세 개의 눈썹. 약용이는 눈썹이 세 개니까요."

약용은 어렸을 때 천연두를 앓은 적이 있습니다. 다행히 다 나았는

데 단 한 군데 오른쪽 눈썹 위에 흉터가 남았습니다. 이 자국 때문에 마치 눈썹이 세 개 있는 것처럼 보였습니다.

"거참 좋은 생각이구나!"

아버지가 무릎을 탁 쳤습니다. 옆에 앉아 있던 어머니도 활짝 웃었습니다.

그런데 마냥 행복할 줄 알았던 약용의 집에 큰 불행이 닥쳐왔습니다. 약용이 아홉 살 되던 해, 다정하고 인자한 어머니가 돌아가신 것입니다. 어머니를 잃은 슬픔을 안고 약용은 연천을 떠나 고향 마재로 돌아왔습니다. 아버지가 벼슬자리에서 물러났기 때문이었습니다.

"이제 네 나이 열 살이 되었으니 경전과 역사를 배울 때가 되었다."

약용은 아버지에게 경전과 역사를 배우면서 그에 관련된 책들을 읽었습니다. 또 그 글들을 따라 자신만의 글을 짓기도 했습니다. 일 년이 지나 그렇게 지은 글을 모아 쌓아 보니 거의 키 높이만 하였습니다.

하지만 공부에 열중하는데도 약용의 마음 한 편은 늘 텅 빈 듯 쓸쓸했습니다. 그런 마음을 사랑으로 감싸 준 것은 새어머니와 큰형수였습니다. 새어머니는 약용이 열두 살 때 시집을 왔습니다. 새어머니는 약용을 친아들로 생각해 손수 빗질을 해 주고 머리에 난 부스

럼의 고름과 피까지 씻어 주었습니다. 또 바지, 적삼, 버선을 깨끗이 빨아 꿰매어 입혀 주었습니다. 열한 살 위 큰형 약현과 형수 경주 이씨도 어린 동생을 아버지처럼 키워 주고 어머니처럼 보살펴 주었습

니다. 이런 새어머니와 큰형수의 도움으로 약용은 차분히 공부할 수 있었습니다.

　약용은 절에 들어가 책을 읽는 것을 좋아했습니다. 아무 생각도 하지 않고 집중할 수 있기 때문이었습니다. 그날도 한짐의 책을 싣고 북한산의 절로 가는 중이었습니다. 가는 도중에 만난 한 선비가 눈을 동그랗게 뜨고 약용을 한참 동안이나 바라보았습니다.

　"너 그 많은 책을 싣고 어디를 가고 있느냐?"

　"예, 절에 들어가 책을 읽으려고요. 그런데 선비님은 어디를 가시는 중인지요?"

약용의 물음에 선비가 빙긋 웃으며 대답했습니다.

"나는 과거에 급제해 고향에 갔다가 이제 대궐로 가는 중이란다."

10여 일이 지나 약용이 집으로 돌아오고 있는데 절로 들어갈 때 보았던 그 선비를 또 만났습니다.

"앗, 선비님! 또 만났네요. 우리 뵌 적이 있지요?"

"오늘도 이렇게 많은 책을 싣고 가는 걸 보니 책은 읽지도 않고 그냥 가거니 오거니 하고 있었구나!"

"아이고, 무슨 말씀을요. 책을 다 읽어서 이제 집으로 돌아가는 중이에요."

"벌써 책을 다 읽었다고? 싣고 가는 책이 도대체 무슨 책이란 말이냐?"

"《강목》이옵니다."

"《강목》은 어른도 몇 달이 걸려도 읽기가 어려운 책이다. 그런데 어린 네가 겨우 10여 일 만에 읽었다고?"

선비는 미심쩍은 듯 나귀 등에 실린 책을 꺼내 이것저것 물어보았습니다. 그때마다 약용은 막힘없이 척척 대답했습니다.

"참으로 놀랍구나! 네 이름이 무엇이냐?"

"저는 마재에 사는 정약용이라고 합니다."

"흠, 그래. 네 이름을 꼭 기억하마. 지금은 묘목에 불과하지만 장차 큰 나무로 자랄 재목이 틀림없구나."

선비는 약용을 흐뭇하게 바라보며 중얼거렸습니다.

 ## 정조와의 만남

정약용은 아버지 정재원이 벼슬에서 물러나 고향에 머무는 이유를 알고 싶었습니다. 아버지는 자세히 설명해 주었습니다.

"너는 어려서 잘 모르겠지만 사도 세자는 권력을 잡은 세력에 대해서 거침없이 비판을 하였단다. 그때 조정은 노론이 이끌고 있었는데, 사도 세자의 뜻을 찬성하는 시파와 그에 맞서는 벽파로 나뉘었다.

나는 시파에 속했지. 안타깝게도 사도 세자는 벽파의 모함을 받아 뒤주에 갇혀 죽었고 벽파가 정권을 잡았기 때문에 시파는 물러날 수밖에 없었단다."

 아버지의 말을 들으며 정약용은 안타까운 마음이 들었습니다.

 '임금님께서 붕당 정치 개혁을 첫 번째 과제로 삼고 그토록 노력했는데 잘 안 되는 이유가 뭘까?

 나라와 백성의 이익을 먼저 생각한

다면 당파 싸움은 일어나지 않을 텐데.'

 열다섯 살 되던 해, 정약용은 승지 홍화보의 딸과 결혼을 했습니다. 그해 영조가 세상을 떠나고 사도 세자의 아들인 정조가 왕위에 올랐습니다. 정조는 사도 세자를 보호하려다가 벼슬에서 쫓겨난 시파의 인물들과 개혁을 시도할 만한 인재들을 다시 불러들였습니다.

 아버지 정재원도 '호조 좌랑'이라는 벼슬을 받았습니다. 정약용의

가족은 곧 한양으로 이사를 했습니다. 한양에서 정약용은 매형인 이승훈을 만나 학문에 대해 자주 토론했습니다. 이승훈은 서양에서 들여온 책이나 서양에 관한 책들을 많이 읽었습니다. 그래서 그런지 넓은 세상에 대해 아는 것이 많았습니다.

"성리학은 변화하는 실제 생활과 동

떨어져 있다네. 내가 읽는 이 책들은 우리가 알고 있는 이 세상과는 다른 세상을 보여주고 있지."

매형 이승훈의 말에 정약용은 호기심이 일었습니다. 다른 세상이란 도대체 어떤 세상인지 궁금했습니다. 그래서 여러 가지 책들을 빌려 와 밤새도록 읽었습니다.

"그 책들을 읽고 무슨 생각이 들었나?"

매형 이승훈의 물음에 정약용은 심각한 얼굴로 대답했습니다.

"지금까지 학문은 백성들의 생활에는 도움이 되지 못했습니다. 실제 생활에 도움이 되지 않는 학문이니 죽은 학문이라고 할 수 있지요."

"흠, 많은 것을 깨달았군. 백성들의 삶에 도움이 되는 학문이 바로 실학이라네."

매형의 말을 듣고 나서 정약용은 새로운 학문에 대해 관심이 더 많아졌습니다.

한양에 올라오고 몇 년 후, 아버지가 경상도 예천의 군수로 가게 되었습니다.

"너는 여기 남아서 과거 공부에 힘쓰거라."

아버지의 말에 정약용은 고개

를 저으며 말했습니다.

"저는 백성들의 생활을 알고 싶습니다. 백성들의 생활을 모르고서 어떻게 백성들을 위해 일할 수 있겠습니까? 또 벼슬에 오른들 무슨 소용이 있겠습니까?"

아버지는 정약용의 말에 고개를 끄덕이며 함께 내려가도 좋다고 허락했습니다.

아버지는 예천으로 떠나면서 옷 몇 벌만 챙겨 간단하게 짐을 꾸렸습니다. 하인도 한 사람만 데리고 떠났습니다. 그러자 배웅 나온 친구가 한마디 했습니다.

"여보게, 군수의 차림으로는 너무 초라한 것 아닌가?"

"이 정도면 충분하네. 난 백성들의 어려움을 살피러 가는 것이지 허세를 부리러 가는 것이 아닐세."

정약용은 아버지의 이런 모습을 보며 관리의 올바른 몸가짐을 배웠습니다.

"훗날 꼭 관리의 도리를 담은 책을 쓰고 싶다. 관리자는 부임지로 떠나면서 짐을 꾸릴 때 옷과 말을 준비한다. 그때 안장은 쓰던 것을 그대로 쓰고 새로 마련해서는 안 된다. 또한 데리고 가는 사람도 많아서는 안 된다."

　이후 한양으로 돌아온 정약용은 과거 공부를 열심히 했습니다. 하지만 과거에 합격하기 위해 공부하는 성리학이 답답하게 느껴졌습니다.

　'성리학은 몇 백 년 전 중국에서 만든 학문이 아닌가? 오래전 중국의 학문이 오늘날 조선의 현실에 맞는 것일까?'

　그 무렵 학자들은 중국이 지구의 중심에 있고, 문화도 가장 뛰어나다는 생각에 빠져 있었습니다. 중국 사람들은 주변 국가와 민족들을 가리켜 문화가 뒤떨어졌다는 의미로 '오랑캐'라고 불렀습니다.

그런데 조선이 오랫동안 섬기던 명나라가 무너지고 오랑캐라고 얕잡아 보던 여진족이 새로 청나라를 세우자 조선의 학자들은 청나라

를 오랑캐라고 생각하였습니다. 그래서 청나라를 통해 앞선 문물을 받아들인다는 것은 있을 수 없는 일이라고 생각했습니다.

'세계 어디든 중국이 될 수 있다. 따라서 서양도 오랑캐라고만 볼 수 없다. 서양의 발달된 문물도 우리나라에 도움이 된다면 기꺼이 받아들일 필요가 있다.'

정약용은 이런 생각을 하며 과거 시험 공부를 열심히 했습니다. 정약용이 치른 문과는 예비 시험인 소과와 본 시험인 대과로 나뉘는데, 소과에 붙어야 대과를 볼 자격이 생기고 성균관에 입학할 자격도 주어졌습니다. 소과 합격자는 '생원' 또는 '진사'라고 불렸고, 대과에 붙어야 비로소 관리가 될 수 있었습니다.

스물두 살 되던 해 정약용은 소과에 합격하여 진사가 되었습니다. 창덕궁에서 축하하는 행사가 벌어졌습니다. 합격한 사람들은 정조 앞에 한 명씩 나아가 절을 했습니다. 정약용은 두근거리는 마음으로 임금 앞에 엎드렸습니다. 정조가 인자한 목소리로 물었습니다.

"얼굴을 들라. 올해 나이가 몇인가?"

"스물두 살입니다."

이때 정약용은 정조의 얼굴을 처음 보았습니다. 정조는 개혁 정치를 펼치는 군주인 것과는 다르게 인자한 모습이었습니다.

'임금님이 나의 얼굴을 똑바로 쳐다보셨어. 인자한 표정으로 웃음까지 지으면서.'

정약용은 그날 일을 떠올릴 때마다 흥분하여 저절로 웃음이 나왔습니다.

그러나 행복도 잠시, 뜻밖의 사건이 일어

났습니다. 큰형수가 젊은 나이에 세상을 떠나고 만 것입니다. 정약용은 하염없이 눈물을 흘렸습니다. 아홉 살 때 어머니가 돌아가시고 난 후 큰형수는 어머니처럼 따뜻하게 정약용을 보살펴 주었습니다.

'어머니처럼 믿고 의지하던 큰형수가 돌아가시다니…….'

이듬해, 정약용은 큰형수의 제사를 지내기 위해 고향에 내려갔다가 큰형수의 남동생 이벽을 만났습니다. 정약용보다 여덟 살 위이지만 친하게 지내고 있었습니다. 이벽은 책 한 권을 건네주며 말했습니다.

"《천주실의》라는 책이네. 중국에서 쓰인 천주교 교리이지."

정약용은 그동안 읽은 책 속에서 여러 실학자가 소개했던 《천주실의》

를 실제로 보게 되자 가슴이 두근거렸습니다. 이벽에게 《천주실의》, 《칠극》 등 몇 권의 책을 빌린 뒤 차근차근 읽어 나갔습니다. 가장 놀라운 것은 바로 이 글귀였습니다.

> 창조주가 만든 인간은 모두 평등하여
> 높은 사람도 낮은 사람도 없다.

'높은 사람도 낮은 사람도 없는 세상이 존재하다니, 참 놀라운 일이다.'

정약용의 마음이 서서히 천주교로 기울기 시작했습니다. 정약용은 형 정약전과 책을 돌려보며 이런저런 토론을 벌이기도 했습니다. 정약용의 매형인 이승훈은 1784년 중국에서 조선인 최초로 세례까지 받은 천주교도였습니다. 이벽과 이승훈은 은밀히 천주교 교회를 세우고 신도를 모아 천주교 전파에 힘썼습니다. 정약용은 정약전과 함께 천주교 예배에 참여하기도 했습니다.

천주교에 관한 책을 열심히 읽는 한편 정약용은 성균관 공부도 열심히 했습니다. 학문을 좋아하는 정조는 성균관 유생들에게 자주 숙제를 내곤 했습니다.

"여기 《중용》에 대한 의문 80조항이 있다. 해결해 오도록 해라."

숙제를 해결하기 위해 정약용은 이벽과 함께 밤새도록 토론을 했

습니다. 그리고 토론 내용을 정리하여 《중용강의》를 제출하였습니다.

"다른 성균관 유생들의 대답이 모두 그럭저럭한데 정약용만이 독창성이 있고 단연 뛰어나구나."

정조는 칭찬을 하며 종이와 붓을 상으로 내리고 궁궐 안에서 벌어지는 연회에 참석하도록 하였습니다.

스물여덟의 나이에 정약용은 드디어 문과에 급제하였습니다.

본격적인 벼슬살이의 길로 들어선 것입니다.

"정약용을 규장각의 초계문신으로 임명하노라."

초계문신이란 서른일곱 살 이하의 젊은 인재들을 뽑아 규장각에서 일하도록 하는 제도였습니다. 정조는 왕이 되고 나서 개혁 정치를 하기 위해 왕실 도서관인 규장각을 세우고 인재들을 키웠습니다. 그리고 규장각 관리들에게 달마다 시험을 치르게 하여 학문이 나아진 정도를 점검했습니다.

한강의 배다리

정조는 왕위에 오른 뒤 아버지 사도 세자의 억울함을 풀어 주기 위해 여러 가지 일을 시작했습니다.

"아버지의 묘를 수원으로 옮기고, 그 묘를 세자의 무덤을 뜻하는 '원'으로 한 단계 높이겠노라. 그리고 앞으로 아버지를 장헌 세자로 높여 부르도록 하라."

여기에는 권력을 쥔 벽파를 누르려는 의도도 있었습니다.

정조는 아버지의 묘를 자주 찾아가려고 했지만 쉽지 않았습니다. 사도 세자의 묘를 가려면 배를 타고 한강을 건너야 했기 때문입니다.

"이제 곧 봄이 오니 아버님 능에 참배를 가야겠소."

정조의 말에 신하들이 너도나도 한마디씩 했습니다.

"전하, 옥체를 소중히 하소서. 전하께서는 만백성의 어버이십니다."

"날씨가 좋지 않아 비바람이라도 불게 되면 큰일을 당하실 수 있사옵니다."

"신들이 어찌 전하의 효심을 모르겠습니까. 단지 한강을 건너시는 것이 위험하기 때문이지요."

신하들이 반대하는 진짜 이유는 자신들이 죽음으로 몰아넣은 사도 세자의 묘를 찾아가는 일이 못마땅했기 때문이었습니다.

"나를 그렇게 걱정해 주니 고맙소. 그래서 이번엔 주교를 놓을 생각이오."

"주교라고요? 배다리를 말씀하시는 것입니까?"

"그렇소."

주교란 다리를 놓기 어려운 큰 강에 배를 나란히 이어 묶어 놓은 다음, 그 위에 판자를 깔아 건너도록 만든 임시 다리입니다.

"전하! 아직까지 우리나라에서는 주교를 만든 일이 없습니다. 한번도 만든 적도 없고, 만들 줄 아는 사람도 없는데 어떻게 주교를 놓는다는 말씀이십니까?"

"그건 너무 위험합니다. 갑자기 비라도 와서 물이 불면 어떻게 하시려고요!"

정조는 신하들의 말에 눈 하나 꿈쩍하지 않았습니다.

"중국은 이미 오래전부터 주교를 놓아 이용하고 있다고 들었소."

"전하, 중국과 우리나라는 실정이 다릅

니다."

"중국과 우리나라가 도대체 무엇이 다르단 말이오?"

그 말에 신하들은 잠시 우물쭈물 하더니 곧 이런저런 말을 했습니다.

"무조건 외국의 과학 기술을 받아들이는 건 잘못된 생각입니다."

"중국은 기술이 발달해서 충분히 주교를 만들 수 있지만 우리나라는 아직……."

"경들은 왜 해 보지도 않고 안 된다고 하는 것이오? 그러니까 중국이 우리 조선을 얕잡아 보는 것 아니겠소? 나라의 발전을 위해서라면 외국의 선진 과학 기술을 받아들이는 것이 옳다고 생각하오. 그러니 더 이상 아무 말도 하지 마시오."

정조의 단호한 말에 신하들은 그대로 물러나왔습니다.

'주교 설치는 생각보다 훨씬 복잡할 것이다. 하지만 정약용이라면 해낼 수 있을 것이다. 과학 기술에 관한 책을 많이 읽어 수학적 계산과 원리에 밝고 치밀할 테니까.'

며칠 뒤 정조는 정약용을 불렀습니다.

"주교를 만들려고 하는데 경의 생각은 어떻소?"

"중국인들이 만들어 사용하는데 우리라고 만들지 못하겠습니까?"

정약용이 확신에 찬 목소리로 대답하자, 정조는 크게 기뻐했습니다.

"경은 내 생각과 같을 줄 알았소. 새로운 것을 만들고 도전하는 신하가 있어 외롭지 않구려. 그렇다면 설계를 맡아 주시오."

정조의 명을 받은 그날부터 정약용은 주교를 설계하는 일에 몰두했습니다.

'우선 강을 건널 만큼의 배를 모아야 한다. 또 서로 다른 크기의 배들을 질서 있게 놓기 위해 간격을 정해야 하고. 그런 다음에는 사

람이 건널 수 있도록 판자의 너비와 두께를 알맞게 정해야 하겠지.'

정약용은 안전한 주교를 만들기 위해 먼저 철저하게 계산하면서 설계를 했습니다. 그동안 읽은 책들이 많은 도움이 되었습니다.

얼마 후, 넓은 한강을 잇는 주교가 완성되었습니다. 정조가 기뻐하는 모습을 보자 정약용은 가슴이 벅차올랐습니다.

'아버지를 생각하는 마음은 누구나 똑같아.'

자신의 아버지 생각이 떠올라 정약용은 가슴이 뭉클해졌습니다.

정조는 어느 한 붕당에 치우침 없이 인재를 고르게 뽑는 탕평책을

쓰고 있었습니다. 할아버지 영조도 탕평책을 실시하려고 했지만 권력을 잡고 있던 벽파의 반대를 뛰어넘지 못했습니다. 그러나 정조는 시파의 우두머리였던 채제공을 우의정에 앉혔습니다.

한번은 정조가 비밀리에 채제공, 이가환, 정약용을 불렀습니다.

"나랏일을 잘할 수 있는 인재를 추천해 주시오."

그러자 다른 사람들은 같은 시파 사람을 추천했습니다. 그러나 정약용은 스물여덟 명의 인재를 두루 추천했습니다.

"저는 임금님의 탕평책이 옳다고 생각하기 때문에 당파에 상관없이 인재를 뽑아야 한다고 생각합니다. 제가 추천한 이 사람들은 당파를 떠나 모두 새로운 학문을 연구하는 사람들입니다."

이 일로 인하여 정조의 믿음은 날이 갈수록 두터워졌습니다. 정약용이 홍문관으로 자리를 옮기자, 정조는 정약용을 더 자주 불러서

의견을 들었습니다. 홍문관은 임금이 어떤 일을 물으면 그에 대해서 의견을 말해 주는 기관이었습니다.

"지금 나랏일 중에 가장 급한 것이 무엇이라고 생각하는가?"

"인재를 잘 뽑아 쓰는 일입니다."

"과거 제도가 있지 않은가?"

"과거조차 치르지 못하는 인재들이 너무나 많습니다. 평안도나 전라도 사람은 능력이 아무리 뛰어나도 뽑히지 못합니다. 또한 서자와 같은 중인들 중에도 뛰어난 인재들이 많습니다."

"오호, 그대의 생각은 어쩜 그렇게 나와 똑같단 말인가! 나는 그런 인재들을 뽑아 쓸 것이오."

《북학의》를 써 청나라를 배우자고 주장한 박제가, 《발해고》를 지어 발해를 우리 역사에 포함시켜야 한다고 주장한 유득공, 청나라의 고증학을 소개한 박덕무 등은 모두 첩의 자식이라는 이유로 벼슬에 오르지 못한 사람들이었습니다.

그러나 이들은 정조의 개혁 정치에 힘입어

규장각의 관리로 뽑혔고 크게 활약하였습니다.

하지만 정약용을 시기하는 무리들은 모이기만 하면 수군거렸습니다.

"요즘 전하께서 정약용이란 자를 너무 총애하는 것 아니오?"

"이러다가는 우리 모두 언제 변을 당할지 모릅니다. 무슨 방법을 써서라도 정약용을 물러나게 해야 합니다."

어느 날, 몇몇 신하가 정조를 찾아갔습니다.

"전하, 당파를 없애려는 전하의 노력에도 불구하고 아직도 자기 당파만 싸고돌면서 나랏일을 망치는 자들이 있습니다."

"아니, 그게 무슨 말이오? 대체 그들이 누구란 말이오?"

"바로 정약용이란 자입니다."

순간 정조는 눈살을 찌푸렸습니다. 모함이라는 것을 알아차렸으나 정조는 모른 척 되물었습니다.

"정약용이 도대체 무슨 일을 했다는 것이오?"

"얼마 전 소과의 시험관이 되어서 자기 당파의 사람들만 합격시켰습니다."

"그럴 리가요? 내가 아는 정약용은 그런 사람이 아니오."

그러자 신하들은 목청을 높여 정약용을 비난하기 시작했습니다.

"그뿐만이 아닙니다. 정약용은 천주교도입니다."

"서학도 학문이니 탐구하는 열의를 꺾는 것은 바람직하지 않소."

정조의 말에 신하들은 아무 말도 못하고 물러갔습니다.

하지만 전라도 진산 고을에서 제사를 지내지 않겠다면서 신주를 불태운 사건이 일어나자, 기다렸다는 듯 벽파는 개혁 세력을 향해 비난을 퍼붓기 시작했습니다.

"조상께 제사를 지내지 않는다는 것이 말이 되는 소리입니까? 그것은 유교 정신에 어긋나기도 하고 나라를 뿌리째 흔드는 일입니다!"

"이승훈, 이가환, 정약전, 정약용 등은 서학을 퍼뜨려 죄를 짓게 한 범인들이니 큰 벌을 내려야 합니다."

정조는 신주를 불태운 사람들만 처형시키는 것으로 사태를 마무리하려고 했습니다. 하지만 벽파의 기세는 좀처럼 수그러들지 않았습니다. 얼마 안 가서 나라에서는 천주교를 엄하게 금지했습니다.

"서학에 관한 책들은 모두 불태우도록 해라. 그리고 이후에는 이러한 책을 들여오는 것을 금지한다. 천주교 역시 엄격히 금지하겠다!"

이에 따라 이승훈은 벼슬에서 쫓겨났습니다.

다만 정약용은 다시는 서학을 가까이 하지 않겠다는 글을 올려 무사할 수 있었습니다.

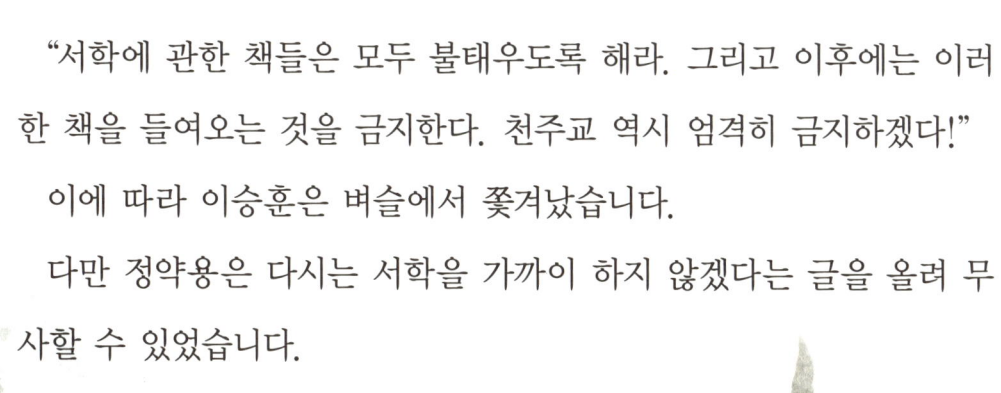

 과학 기술로 쌓은 화성

어느 날, 정약용은 아버지가 위독하다는 전갈을 받았습니다. 형제들과 함께 아버지가 계신 진주로 급히 내려갔습니다. 그러나 가는 도중, 아버지가 돌아가셨다는 소식을 들었습니다.

"아버지가 돌아가시다니. 아버지는 학문의 스승이면서 선비로서 가져야 할 자세를 몸소 보여 준 인생의 스승이셨다. 이제 큰 스승을 잃었으니 어이할까……."

장례를 마친 정약용은 고향 마재로 돌아왔습니다. 어릴 적에 아버지와 함께 낚시질을 하던 강가를 바라보며 하염없이 눈물을 흘렸습니다. 아홉 살에 어머니를 잃은 정약용에게 아버지의 죽음은 온 세상을 잃은 듯했습니다.

아버지 무덤 곁에 여막을 짓고 거처하던 정약용은 정조의 부름을 받았습니다.

"개혁 정치를 위해서 도읍을 수원으로 옮겨야겠소. 수원에 성을 쌓으려면 돈도 많이 들고 사람도 많이 필요할 것이오. 이 모든 문제를 잘 해결하여 성을 쌓을 사람은 정약용, 그대뿐이오."

정약용은 자신을 굳게 믿는 정조를 보며 눈물을 흘렸습니다.

'내 최선을 다해 성을 쌓으리라. 힘과 비용을 적게 들이면서도 튼튼하고 훌륭한 성을 반드시 쌓으리라.'

정약용은 여러 가지 책을 보며 연구하고 또 연구했습니다. 정조는 서양의 성 쌓는 기술과 기계들을 설명하고 소개한 《기기도설》이라는 책을 보내 주었습니다.

몇 달 후 정약용은 설계도를 완성했습니다. 아버지를 잃은 슬픔 속에서도 나라를 위해 치밀하게 연구한 끝에 완성한 것이었습니다. 정조는 설계도를 찬찬히 살펴보더니 흡

족한 미소를 지었습니다.

"성을 쌓을 때 필요한 재료들, 도구들과 사람의 수, 완성된 성의 자세한 모습까지 자세하게 들어 있구나. 흠잡을 데 없이 완벽한 설계도야. 이 설계도를 바탕으로 성을 쌓도록 하여라."

설계뿐 아니라 공사까지 맡게 된 정약용은 밤낮을 가리지 않고 연구를 했습니다.

'어떻게 하면 적은 인원으로 빠른 시간 내에 성을 완성시킬 수 있을까?'

'어떻게 하면 공사에 동원되는 백성들의 고생을 줄일까?'

'어떻게 하면 공사에 드는 비용을 아낄 수 있을까?'

정약용은 정조가 내려 보낸 《기기도설》이라는 책을 다시 한번 샅샅이 살펴보았습니다. 그 책에는 도르래를 이용한 여러 기계 장치가 소개되어 있었습니다.

"화성을 쌓는 데 필요한 기계, 재료, 사람의 수를 계산해 보자."

정약용은 무슨 일이든 계획이 중요하다고 생각했습니다. 치밀하고 정확하게 계획을 세우면 결과도 좋기 때문입니다.

"가장 중요한 일은 엄청난 크기의 성벽을 쌓을 때 필요한 큰 돌들을 나르는 일이다. 기계를 사용하면 쉽게 돌을 나를 수 있을 테니까, 가장 먼저 기계를 만들자."

정약용은 무거운 돌을 들 수 있는 기계를 만들기 위해 몇 날 며칠을 연구했습니다. 마침내 도르래의 원리를 이용하여 적은 힘을 들이고도 수만 근이나 되는 무거운 물건을 들어 올릴 수

있는 기계를 고안해 냈습니다. 바로 거중기였습니다. 외국의 책을 참조했지만 정약용이 새롭게 고안해 낸 것이었습니다.

"정약용은 사람이 아닌 것 같아. 어찌 그렇게 계산이 정확하지?"

"그러게 말이야. 정약용이 계획한 돌과 나무의 개수가 거의 맞았다고 하네."

성을 쌓는 데 동원된 백성들은 혀를 내두르며 놀랍다는 듯 말했습니다.

또한 정약용은 우리나라에서 처음으로 벽돌로 성을 쌓았습니다. 그래서 무거운 돌을 나르는 데 드는 시간과 노력을 크게 줄일 수 있었습니다.

그리고 거중기뿐만 아니라 녹로와 유형거 등의 기계도 만들었습니다. 녹로는 거중기처럼 높은 곳에 무거운 것을 올리거나 당길 때 쓰였던 도르래였습니다. 거중기는 수원 화성의 성곽을 쌓는 규모가 큰 공사에 주로 쓰였고,

녹로는 좀 더 규모가 작은 공사에 쓰였습니다. 유형거는 돌과 목재를 나르는 수레입니다. 기존의 수레는 바퀴가 너무 커 돌을 싣기 어렵고 바퀴살이 약해 부러지기 쉬우며 만드는 비용이 많이 들었습니다. 유형거는 이런 단점을 보완하여 만들었기 때문에 좀 더 쉽고 빠르게 돌과 목재를 옮길 수 있었습니다. 화성을 쌓을 때 정약용은 총 열 대의 유형거를 만들었습니다. 일반 수레 100대가 운반해야 할 짐을 같은 시간에 유형거 70대로 옮길 수 있었습니다.

이 기계들 덕분에, 10년 계획으로 시작된 공사는 약 2년 반 만에 끝났습니다.

"그대가 해낼 줄 알았소! 거중기 덕분에 4만 냥의 비용을 아꼈다고 들었소. 그밖에도 칭찬할 일이 너무나 많구려."

정조는 완성된 수원 화성의 기품 있고 웅장한 모습을 보며 눈시울을 붉혔습니다. 수원 화성은 당파 정치를 없애겠다는 강력한 소망에

서 시작되었습니다. 아버지 사도 세자가 당파 싸움 때문에 한여름 뒤주 속에 갇혀 8일 만에 죽었을 때, 정조는 겨우 열한 살이었습니다.

그때는 너무 어려서 자세한 상황을 몰랐지만 자라면서 정조는 아버지가 왜 죽게 되었는지를 알게 되었습니다. 할아버지 영조가 당파 싸움을 일삼는 자들을 귀양 보내고 각종 정책을 펼치자 위협을 느낀 무리들이 사도 세자를 모함하기 시작했고, 결국 영조는 그들의 주장에 이끌려 사도 세자를 뒤주에 가두어 죽게 한 것이었습니다.

그리하여 정조는 어느 한 붕당이 권력을 독차지하는 것을 막고 강력한 왕도 정치를 실현하고자 수원에 화성을 짓도록 하였습니다.

 백성을 보살피다

아버지의 삼년상을 모두 마친 초겨울 어느 날, 정조가 조용히 정약용을 불렀습니다. 정조는 암행어사가 되어 수령들을 감시하는 일을 맡아달라고 정약용에게 명을 내렸습니다.

　암행어사는 지방 수령의 잘잘못을 조사하고 백성들의 괴로움을 살피고자 만든 국왕 직속의 비밀 조직이었습니다. 정약용이 맡은 지역은 경기도 북쪽 지방의 네 개 고을이었습니다.

　먼저 적성 고을로 간 정약용은 주막에 머무르면서 사람들이 하는 말을 몰래 엿듣기도 하고, 고을 곳곳을 돌아다니며 사람들이 사는 모습을 몰래 살펴보기도 했습니다. 고을 관리들에 대해서도 자세하게 조사를 했습니다.

　조사를 하면서 정약용은 참혹한 가난에 빠져 사는 백성들을 보고 큰 충격을 받았습니다. 추수한 지 얼마 되지 않았는데도 백성들은 금방 쓰러질 듯한 오두막집 안에서 밥 한 끼도 제대로 먹지 못하고 있었습니다. 관리들이 혹독한 세금으로 백성들을 괴롭히기 때문이었습니다. 정약용은 잠을 이루지 못하고 '적성촌에서'라는 시를 지었습니다.

시냇가 허물어진 집 뚝배기처럼 누웠는데
겨울바람에 이엉 걷혀 서까래만 들쭉날쭉
묵은 재에 눈 덮여 아궁이는 썰렁하고
어레미처럼 뚫린 벽에 별빛이 비쳐든다
집 안에 있는 물건 몹시도 쓸쓸하니
몽땅 팔아도 칠팔 푼이 안 되겠네

 정약용은 적성에 이어 연천 고을로 들어섰습니다. 연천은 어린 시절 추억이 서린 곳이었습니다.

"고을마다 사람이 넘치고 인정이 넘치는 따뜻한 곳이었는데 지금은 왜 이렇지?'

손님 하나 없는 주막에 들어서며 정약용은 고개를 갸웃거렸습니다.

"주막에 어찌 이렇게도 손님이 없는가?"

"먹을 양식도 없는데 어떻게 주막에 와서 술을 마시겠습니까?"

퉁명스런 주모의 대답에 정약용이 다시 물었습니다.

"흠, 그렇다면 올 농사가 흉년이었나 보군."

"예, 심한 흉년이었지요. 그런데도 나라에서는 온갖 세금을 꼬박꼬박 걷어 가니 우리네 백성들은 도대체 어떻게 살라고 하는 건지 모르겠습니다요."

"아니, 이렇게 흉년이 들었는데 사또는 백성을 구제하지도 않았단 말인가?"

"아이고, 참 이상한 말씀 하시네. 벼슬하는 양반들이 언제 백성들을 구제한 적 있습니까? 또 우리 사또는 워낙 바쁘셔서 백성들을 돌볼 틈이 없답니다."

"사또는 무슨 일이 그리도 바쁜 겐가?"

"매일매일 술 마시랴, 뇌물 챙기랴. 눈코 뜰 새 없이 바쁘시답니다. 에이고, 내가 무슨 말을 하는 거지?"

주모는 화들짝 놀라 제 입을 틀어막았습니다.

정약용은 연천 현감에 대해 자세히 조사했습니다. 알고 보니 지금의 현감은 백성들의 신임을 받고 있지만 그 전 현감이 온갖 나쁜 짓을 한 것이었습니다. 주모는 현감이 바뀐 것을 모르고 있었던 것입니다.

연천의 전 현감 말고 삭녕의 전 군수 또한 군수직을 끝내고 고향으로 돌아갈 때 운반하기조차 힘들 만큼 많은 재물을 챙겼다는 것을 조사를 통해 알게 되었습니다. 네 개 고을을 다 돌아보고 나서 정약용은 전 연천 현감과 삭녕의 전 군수를 엄하게 처벌해야 한다고 상소를 올렸습니다.

그러자 조정의 신하들은 이를 가로막고 나섰습니다.

"전 연천 현감은 사도 세자의 묘지를 수원으로 옮기는 일에 공을 세웠습니다. 또한 삭녕의 전 군수는 임금의 어머니 혜경궁 홍씨의 병환을 돌보던 어의였습니다. 이런 사람을 어찌 벌할 수 있겠습니까?"

그러나 정약용은 이에 굴하지 않고 상소를 또 올렸습니다.

"죄 지은 관리를 법에 따라 처벌하지 않으면 다른 관리들도 법을 지키지 않을 것이며 나라의 법질서 또한 무너지고 말 것입니다."

결국 두 사람은 처벌을 받게 되었습니다. 그렇게 되자 조정의 신하들은 정약용을 더욱 곱지 않은 시선으로 바라보았습니다. 특히 노론 쪽 사람들은 정약용을 눈엣가시처럼 생각했습니다.

'백성이 나라의 주인이거늘, 관리들은 잘못된 것을 바로잡을 생각은 안 하고 제 배 채울 생각만 하는구나.'

정약용은 길게 한숨을 내쉬었습니다.

경기도 암행어사 임무를 훌륭하게 마치고 돌아오자, 정약용은 날로 벼슬이 높아졌습니다. 그해 12월에 홍문관 부교리가 되었고, 이듬해 1월에 동부승지, 2월에 병조참의, 3월에 우부승지가 되었습니다. 우부승지는 정3품의 높은 벼슬이었습니다.

1년도 지나지 않아 정약용은 좌부승지 벼슬을 받고 규장각에서 책을 내는 중요한 일을 하게 되었습니다.

어느 날, 편찬 사업의 책임자가 정약용을 불렀습니다.

"자네가 정약용인가?"

"예, 그렇습니다. 제가 바로 정약용이옵니다."

"나를 기억하지 못하는가?"

알고 보니 정약용이 어릴 적, 마재에서 책을 잔뜩 싣고 가다가 만난 선비였습니다. 지금은 높은 벼슬에 오른 이서구라는 사람이었는데, 어린 정약용을 보고 나중에 크게 될 인물임을 알아보았던 것입니다.

하지만 정약용의 벼슬살이는 순탄치 않았습니다. 정약용을 헐뜯고 질투하는 자들이 여전히 많았기 때문이었습니다.

이에 정조는 정약용이 잠시 피해 있는 게 좋겠다고 생각했습니다.

"그대는 학식이 뛰어나고 마음씨도 따뜻한 사람일세. 내 곁에 두어 중요한 일을 맡기고 싶지만 조정의 신하들이 반대를 하는구려. 잠시 황해도에서 지내다 오게."

정약용은 착잡한 마음으로 황해도 곡산으로 갔습니다. 황해도의 북동쪽 맨 위쪽에 자리 잡은 곳으로 한양에서 무척이나 멀리 떨어진 곳이었습니다.

곡산에 부사로 부임한 지 얼마 되지 않아 사건이 일어났습니다.

"부사 나리! 전임 부사가 계실 때 떼를 지어 관아에 몰려왔던 놈이 제 발로 걸어 들어왔습니다. 직접 뵙고 드릴 말씀이 있다 하는데 어떡할까요?"

"그 자를 데려 오너라."

"나리, 그런 흉측한 놈의 말은 들어 무엇 하시려고요? 그냥 혼내 주시지요."

"허허, 죽을죄를 지었다 해도 이야기는 한번 들어 봐야 할 것 아닌가?"

잠시 후, 단단한 몸매의 한 사내가 끌려왔습니다.

"제 이름은 이계심이라 하옵고 직업은 포수입니다."

"그래, 나에게 할 말이 있다던데 말해 보라."

"소인들은 정말이지 억울합니다."

이계심은 울분 어린 목소리로 이야기를 시작했습니다. 포수로 등록된 사람은 1년에 면포 한 필씩을 내는 법이 있는데 이전 부사가 면포 한 필당 900냥의 돈을 거둬들였다는 것이었습니다. 면포 한 필은 200냥밖에 안 하는데 700냥을 더 거둬들여 부사가 가로챈 것입니다.

"항의를 했지만 돈을 돌려주기는커녕 처벌하려고 해 저는 어쩔 수 없이 산속 깊이 숨어 살고 있었습니다. 그러던 중 새 부사가 왔다는 소식을 듣고 이렇게 찾아온 것입니다."

"네 말을 듣고 보니 참말로 부끄럽구나. 너는 아무 죄도 없으니 무죄로 석방하겠다."

이계심이 석방되었다는 소식을 듣고 곡산 사람들은 크게 기뻐했습니다.

정약용은 쓸데없이 거둬들이던 세금을 줄여 나갔습니다. 잘못된 일을 하나하나 고쳐 나가다 보니 3년째에 이르러서는 많은 돈이 쌓였습니다. 정약용은 그 돈으로 백성들을 위해 여러 가지 사업을 벌였습니다.

특히 정약용은 곡산에 귀양 와 있는 사람들을 돌보는 데 관심을 가졌습니다. 귀양살이 하는 사람들은 궁핍한 생활로 고생이 이만저만이 아니었습니다.

나라에서는 고을 주민들이 돌아가면서 이들을 돌보고 먹을 것을 주도록 했는데 이 때문에 백성들 또한 고생이 많았습니다. 정약용은 겸제원이라는 새로운 제도를 만들어 유배 온 사람들에게 잠자리와 먹을 것을 제공했습니다. 정약용의 노력 덕분에 곡산의 백성들은 평화로운 나날을 보낼 수 있었습니다.

어느 겨울, 곡산 지방에 홍역이 돌기 시작했습니다. 홍역이 걷잡을

수 없이 번지면서 많은 사람이 목숨을 잃었습니다. 부자들은 의원에게 치료를 받았지만 백성들은 꿈도 꿀 수 없는 일이었습니다.

'의원들이 돈벌이에만 정신이 팔려 홍역에 걸린 백성들에게 신경도 쓰지 않는구나. 그렇다면 홍역을 고칠 수 있는 방법을 연구해 보자.'

정약용도 홍역으로 귀중한 자식을 잃었던 경험이 있었으므로 연구와 연구를 거듭하여 《마과회통》이라는 책을 썼습니다.

"적의 침입을 예측하여 무기를 손질하고 성곽을 보수하면 이기지 못할 전쟁이 없듯이, 언제 찾아올지도 모르는 전염병도 마찬가지다. 미리 의서를 써 두고 치료법을 개발해 두면 치료하지 못할 것이 없다."

3년의 임기를 마치고 한양으로 돌아간 정약용은 병조참의라는 벼슬을 받았습니다. 그리고 얼마 후 동부승지, 다시 또 얼마 후에 형조참의라는 벼슬을 받았습니다.

　정약용에 대한 정조의 보살핌과 관심이 깊어질수록 정약용을 시기하는 사람들은 점점 늘어났습니다. 그 사람들은 상소를 올려 정약용과 형 정약전이 천주교도이므로 처벌해야 한다고 주장했습니다.

　정조는 오히려 상소를 올린 사람들에게 화를 냈습니다. 하지만 그것이 되레 부채질하는 결과를 낳아 그 뒤 정약용에 대한 처벌을 요구하는 상소가 여기저기서 올라왔습니다. 이런 상황을 지켜보던 정약용은 영원히 벼슬자리를 떠나겠다는 사직 상소를 올렸습니다.

전하!

제가 조정에서 일한 11년 동안 두루두루 여러 직책을 거치면서 하루도 편할 날이 없었습니다. 첫째도 스스로 취한 일이요, 둘째도 스스로 취한 일이니 누구를 원망하겠습니까?

다만 지금 마음이 쓰이는 것은 저같이 부족한 사람을 전하께서 사랑해 주시고 감싸 주셨는데 끊임없이 심려만 끼쳐 드린 것 같아 죄송할 따름입니다.

……제가 태어나서 자란 고향은 자연을 벗 삼아 지낼 수 있는 곳이니 백성들과 함께 즐겁고 평화롭게 살고 싶습니다. 그러니 전하께서는 제가 맡은 직책

들을 빨리 거두어 주십시오. 살아서 전하의 높은 은혜에 보답하지 못하고 아직 젊은 나이에 하직을 고하려니 눈물이 쏟아져서 어찌할 바를 모르겠나이다.

정조는 정약용의 상소를 보자 마음이 착잡해졌습니다.
'이제 서른여덟의 나이인 정약용을, 갈고 닦은 지혜와 학문으로 나라와 백성을 위해서 온몸과 마음을 바치고자 했던 정약용을 내 곁에서 떠나보내야 하는가?'
정조는 한 달이 넘도록 결정을 내리지 못했습니다. 그러나 조정 신하들의 강력한 요구에 더 이상 견딜 수가 없었습니다.

 오랜 귀양살이

정약용은 39세가 되던 해 1월, 고향 마재로 돌아왔습니다. '여유당'이라는 당호를 내건 공부방을 마련하고 형제들과 매일 공부에 열중했습니다.

'여유'란 '겨울에 시내를 건너는 것처럼 신중하게 하고, 사방에서 나를 엿보는 것을 두려워하듯 경계하라.'는 뜻으로, 《노자》에서 구절을 따온 것입니다.

그렇게 평화로운 나날을 보내던 6월 어느 날, 정조에게서 전갈이 왔습니다.

"곧 불러 책 편찬의 일을 맡기고 싶다."

정조는 여러 권의 책도 함께 보냈습니다. 정약용은 감격하여 눈물을 흘렸습니다. 그런데 그로부터 보름 조금 지나 정조가 돌아가셨다는 소식이 왔습니다.

"아, 하늘이 무너졌구나."

정약용은 땅바닥에 무너지듯 주저앉았습니다.

정조의 뒤를 이어 어린 순조가 왕위에 올랐지만 나랏일을 살필 수가 없었습니다. 그래서 할머니인 대왕대비 정순 왕후가 대신 나랏일을 돌보는 수렴청정을 하게 되었습니다. 정순 왕후의 가문 사람들은 바로 사도 세자를 죽이는 데 앞장섰던 이들이었습니다. 이 때문에 정조는 왕위에 오른 뒤에 정순 왕후와 관계가 좋지 않았습니다.

"마마, 지금 가장 급한 것은 천주교도들을 처벌하는 일이옵니다."

"맞습니다. 승하하신 선왕께서 천주교도들을 처벌하지 않으셔서 지금 전국 방방곡곡에 천주교도들이 기세를 떨치고 있습니다."

"백성들이 고통 받고 나라가 어지러운 까닭은 모두 천주교도들 때문이옵니다."

신하들의 말에 따라 정순 왕후는 나라 곳곳에서 천주교도들을 찾아내라는 명령을 내렸습니다. 1801년 신유년 전국에서 300여 명의 천주교도가 체포되어 처형되었습니다. 이것을 '신유박해'라고 합니다.

천주교도에 대한 탄압이 심해지자 천주교의 핵심 인물이었던 정약용의 셋째 형 정약종은 천주교에 관련된 책과 물건, 편지들을 옮기다 포졸에게 잡혔습니다.

결국 이 사건 때문에 정약용 집안의 많은 사람이 감옥에 갇혔습니다. 정약종은 물론이고 정약종의 자녀들, 정약용의 매형인 이승훈을 비롯한 친척들이 잡혀갔습니다.

정약용은 모진 고문을 받으면서 자신이 과거에 서학에 빠졌던 것은 사실이지만 그 후 멀리했다고 주장했습니다. 정약용은 정조의 명에 따라 서른세 살 때 천주교도가 많은 금정에 찰방이라는 직책으로 내려가 천주교 신자들을 설득하는 일을 한 적도 있었습니다.

그러나 그해 2월, 셋째 형 정약종이 사형을 당하며 정약용의 집안은 풍비박산이 나고 말았습니다. 휘몰아치는 눈보라가 매서운 2월의 새벽, 가족과 친척을 잃은 슬픔을 추스르기도 전에 정약용은 경상도 장기로, 정약전은 전라도 신지도로 귀양을 갔습니다.

정약용은 모진 고문을 당한 데다 먼 길을 오느라 몹시 지쳐 있었습니다. 게다가 가족을 잃은 슬픔까지 겹쳐 하루 종일 방 안에서 지내는 시간이 많았습니다. 몇 달이 지난 후에야 몸을 추스르고 책을 읽고 글을 쓰며 평화로운 나날을 보냈습니다.

그러던 어느 날, 정약용은 영문도 모르는 채 한양으로 끌려갔습니다. 정약용뿐 아니라 신지도에 있던 형 정약전까지 한양으로 끌려왔습니다. 몇몇 천주교도들이 서양의 천주교 국가들의 도움을 받아 조선에서 일어나는 천주교 박해 사건을 해결하려고 편지를 썼는데 그것이 발각된 것이었습니다.

"이 기회에 천주교도들을 모두 잡아들여 없애야 합니다."

"정약용의 집안과 분명 연관이 있을 것이오. 이번 사건의 주범은 정약용의 조카사위란 말이오."

"이 일도 사실 정약용이 계획했을지도 모릅니다."

그때 황해도 관찰사가 말했습니다.

"정약용은 곡산 부사로 있을 때 어려운 백성을 위해 많은 일을 했

소이다. 그래서 아직도 곡산에서는 정약용을 존경하고 따르는 사람이 많습니다. 확실치 않은 일로 정약용을 범인으로 몰아 죽인다면 백성들이 가만히 있지 않을 것이오."

이 말에 다른 신하들은 입을 꾹 다물었습니다. 부패한 관리들 때문에 민심이 날로 흉흉해지고 있다는 것을 느끼고 있었기 때문이었습니다.

결국 별다른 처벌 없이 정약용은 전라도 강진 땅으로, 형 정약전은 흑산도로 귀양을 갔습니다. 다시 귀양 길에 오르는 정약용의 마음은 착잡했습니다. 쌀쌀한 초겨울의 추위와 함께 떠나는 귀양 길은 험난하고 멀기만 했습니다.

처음에 강진 사람들은 귀양 온 죄인이라고 하여 정약용을 멀리했습니다. 하지만 정약용은 마음을 가다듬고 골방에 틀어박혀 책을 읽었습니다. 책을 읽는 것만이 유일한 즐거움이었습니다.

따뜻한 봄이 되자 정약용은 책을 쓰는 일에 몰두했습니다. 아침부터 밤늦게까지 공부만 하니까 시력도 나빠지고 왼쪽 어깨에는 마비 증세가 나타났습니다.

'이렇게 마음껏 책을 읽을 수 있고 글을 쓸 수 있으니 얼마나 고마운 일인가.'

그렇게 생각하니 신기하게도 유배 생활이 조금도 힘들지 않았습니다.

 그러던 중 한 선비의 도움으로 만덕산에 조그만 정자를 얻어 머무르게 되었습니다. 정약용은 자신의 호를 '다산'이라고 부르고 이곳을 '다산 초당'이라고 이름 지었습니다. 만덕산 기슭에 차나무가 많아서 붙인 이름이었습니다.

 다산 초당에서 정약용은 제자를 가르치고 책을 쓰는 데 열중했습니다. 당시 백성들의 생활은 점점 어려워져 민심이 흉흉한 가운데 평안도에서는 큰 규모의 민란이 일어나기도 했습니다.

"관리의 잘못을 막고, 나라의 문제점을 고쳐 백성의 고통을 덜어 줄 방법을 생각해서 책을 써 보자."

이렇게 해서 쓴 책이 바로 《경세유표》입니다.

그리고 그 후에 정약용은 《목민심

서》를 쓰기 시작했습니다. 지방 관리들이 해야 할 임무와 지켜야 할 자세를 정리한 책이었습니다. 그러나 정약용의 이러한 노력에도 관리들은 날이 갈수록 백성들에게 횡포를 부렸습니다.

정약용은 권력을 가진 세력으로부터 미움을 받았지만 다 그런 것은 아니었습니다. 정약용이 귀양살이하는 것을 안타까워하는 사람들도 많았습니다. 18년의 유배 생활 동안 정약용은 많은 책을 썼습니다. 긴긴 유배 생활을 마치고 마침내 고향인 마재로 돌아온 이듬해에는 《흠흠신서》 30권을 완성하였습니다.

'낡고 썩은 법과 제도를 고치거나 바꾸지 못했기 때문에 세상은 타락하고 백성은 고통에서 벗어나지 못한다.'

또한 정약용은 신분의 평등뿐 아니라 경제적으로도 평등해야 참된 평등이라고 생각했습니다. 경제적인 평등을 위해 토지 제도부터 바꿔야 한다고 생각하여 여전론을 주장하기도 했습니다.

갖은 어려움 속에서도 현실을 바꾸려는 개혁의 꿈을 잃지 않았던 정약용의 가슴 깊숙한 곳에는 백성을 사랑하고 나라를 구하려는 정신이 깃들어 있었습니다.

정약용의 위대한 업적

조선의 정조는 다양한 개혁 정책을 추진한 왕이에요. 그리고 정약용은 그러한 정조의 손과 발이 되어 주었지요. 정약용은 정조의 명으로 수원 화성을 축조하였을 뿐더러 다양한 개혁 방향을 제시한 개혁가였고, 실학을 집대성한 실학자였어요. 가장 빛나는 업적인 수원 화성 축조 외에 정약용이 어떤 업적을 이루었는지 자세히 알아볼까요?

목민심서

지방 관리인 목민관이 부임하는 시작부터 부임지를 떠날 때까지 해야 할 임무와 지켜야 할 자세를 정리한 책이에요. 백성들이 관리의 무능함과 부패로 인해 가난하게 사는 것을 보며 이 책을 쓴 것이에요. 강진에서 유배 생활을 하는 동안 쓴 책으로, 자신의 생각을 다양한 역사책과 사례들을 참고하여 정리하였어요. 《흠흠신서》, 《경세유표》와 함께 정약용의 대표적 저서예요.

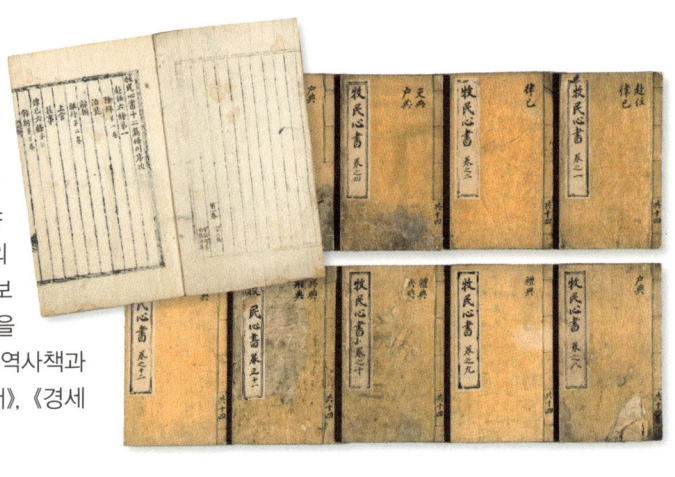

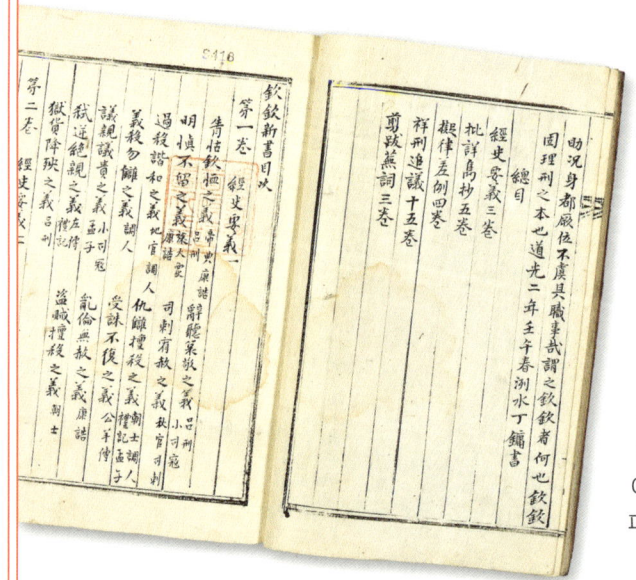

흠흠신서

백성을 사랑하는 마음이 담긴, 조선 최초의 법률 연구서예요. 법률과 범죄, 형벌에 관한 책으로, 형법을 집행하는 관리들을 위한 참고서이지요. 살인 사건을 조사할 관리들이 신중하고 또 신중하게 사건을 조사하고 처리하여 억울하게 벌을 받는 백성이 없게 하기 위해 쓴 책이에요. 정의로운 판결을 위해 사건을 정확히 조사하고 파악해야 한다고 강조하고 있어요.

수원 화성

당파 싸움 때문에 아버지 사도 세자를 잃은 정조는 당파 정치를 없애겠다는 강력한 소망을 가지고 있었어요. 그래서 수원으로 사도 세자의 묘를 옮기면서 개혁 정치를 위해 수원 화성을 지었어요. 수원 화성은 일종의 성곽 도시예요. 군사적인 기능과 정치·행정적인 기능을 함께 갖추고 있지요.

정약용은 수원 화성 축조를 위하여 거중기, 녹로, 유형거 등의 기계를 만들었어요. 외국의 책을 참고하여 만들었지만 정약용이 새롭게 고안한 거중기는 도르래의 원리를 이용하여 적은 힘을 들이고도 큰 돌을 쉽게 나를 수 있었지요. 이러한 기계들로 인해 공사 비용과 기간을 단축할 수 있었어요.

우리나라뿐만 아니라 동양과 서양의 건축 기술을 활용하여 건설된 수원 화성은 세계 최초의 계획 신도시예요. 팔달문(남문), 화서문(서문), 장안문(북문이자 정문), 창룡문(동문) 등 4개의 대문을 가지고 있고, 물이 지나가는 수문인 화홍문, 적의 움직임을 살피는 망루인 공심돈, 봉화를 올리는 봉수대인 봉돈 등의 구조물이 있어요. 과학적으로 설계되고 예술적으로도 아름다운 수원 화성은 동양의 성곽 중 단연 최고로 인정받고 있어요. 그리고 가치를 인정받아 1997년 유네스코 세계 문화유산에 등재되었어요.

❶ 팔달문(남문)

❷ 화서문(서문)

❸ 창룡문(동문)

❹ 화홍문

❺ 동북공심돈

❻ 봉돈

거중기

수원 화성의 정문 장안문(북문)

초등 저학년을 위한 첫 역사책!

안녕? 역사야 (전9권)

〈안녕? 역사야〉 시리즈는

도깨비들이 과거로 날아가 역사의 궁금증을 풀어 주는 재미난 형식의 책입니다.
초등학교 한국사 교과서 내용을 아주 쉽게 알려주는 〈안녕? 한국사〉와
세계를 바라보는 넓은 시야를 갖게 해 주는 〈안녕? 중국사〉 세트로 구성되어 있습니다.
저학년의 눈높이에 맞춘 내용과 그림, 그리고 전문가의 꼼꼼한 감수까지 거친
〈안녕? 역사야〉 시리즈는 진정한 의미의 저학년 첫 역사책입니다.

안녕? 한국사 (전6권)

1권 **선사 시대** 우리 조상이 곰이라고?
2권 **삼국 시대** 최후의 승자는 누구일까?
3권 **고려 시대** 우리나라는 왜 코리아일까?
4권 **조선 시대①** 조선에 에디슨이 살았다고?
5권 **조선 시대②** 조선은 왜 망했을까?
6권 **근현대** 우리는 왜 남북으로 갈라졌을까?

글그림 백명식 | 감수 김동운(전 국사편찬위원회 교육연구관)
각 권 90쪽 내외

안녕? 중국사 (전3권)

1권 **고대** 중국 역사의 시작
2권 **중세** 통일된 중국, 세계에 우뚝 서다
3권 **근현대** 중국에 부는 변화의 바람

글 이한우리, 송민성 | 그림 이용규 | 감수 이근명(한국 외대 사학과 교수)
각 권 80쪽 내외